HONNEUR & PATRIE !

LE GÉNÉRAL L'HÉRILLER

SA VIE & SES CAMPAGNES

PAR UN COMPATRIOTE

IMPRIMERIE D. PRÉVOST

HONNEUR & PATRIE !

LE GÉNÉRAL L'HÉRILLER

SA VIE & SES CAMPAGNES

PAR UN COMPATRIOTE

IMPRIMERIE D. PRÉVOST

L'HÉRILLER (Edmond)

Né à Douai (Nord), le 26 Décembre 1816

Elève de Saint-Cyr		1837-1839
Sous-lieutenant	1ᵉʳ octobre	1839
Lieutenant	» mars	1842
Capitaine-adjudant-major	» août	1847
Chef de bataillon	» août	1854
Lieutenant-colonel	8 septembre	1855
Colonel	2 mai	1859
Général de brigade	31 janvier	1863
Général de division	12 août	1870

CAMPAGNES

AFRIQUE	1850-1854
CRIMÉE	1854-1856
ITALIE	1859-1860
MEXIQUE	1862-1865
CAMPAGNES DE FRANCE	1870-1871

Sept citations à l'ordre du jour de l'armée

BLESSÉ A FRŒSCHWILLER

Chevalier de la Légion d'honneur	Décembre	1854
Officier	Avril	1855
Commandeur	Juillet	1862
Grand Officier	Juin	1871

Décoré des principaux ordres étrangers

*Président de la Commission supérieure de l'Habillement
et du Campement au Ministère de la guerre
Membre de la Commission mixte des Travaux publics*

Admis à la retraite, 13 janvier 1882

LE GÉNÉRAL L'HÉRILLER

SALUT AUX BRAVES !

A toutes les époques de notre histoire nationale, le département du Nord eut le culte de la bravoure. Dans la bonne fortune comme au milieu des revers, qu'il verse son sang pour la grandeur ou pour l'indépendance du pays, le soldat est honoré, aimé de tous. Et quand, sorti du peuple, il s'élève par sa brillante conduite et sa rare intelligence aux plus hauts grades de l'armée, ses concitoyens, justement fiers de lui, l'entourent d'une affectueuse reconnaissance pour avoir jeté de l'éclat sur le pays natal et ajouté aux traditions communes de vaillance et de patriotisme.

Ainsi en est-il du général L'Hériller, qui a dès longtemps conquis, avec une renommée glorieuse, l'admiration et les sympathies unanimes de ses compatriotes du Nord. Courage indomptable, cœur ne battant que pour la Patrie, esprit fait pour commander par la supériorité des vues et le prestige de l'exemple, il mérite, en effet, d'avoir son nom inscrit au Livre d'or des meilleurs citoyens dont s'enorgueillisse notre département.

Ce nom, il l'a illustré sur les champs de bataille. A nous tous de le saluer de nos acclamations, nous souvenant qu'un peuple qui a subi des disgrâces imméritées et qui aspire à la revanche doit un plus large tribut de respect et de gratitude à ceux qui luttèrent d'héroïsme pour la défense et l'honneur du drapeau.

L'HÉRILLER, ENFANT DU PEUPLE

Le futur général naquit pauvre. Son père, enrôlé comme soldat en 1793, combattit longtemps dans les rangs de ces armées légendaires qui tinrent tête à l'Europe coalisée contre nous et promenèrent triomphalement le drapeau tricolore dans toutes les capitales du vieux monde. Vingt ans d'exploits pour ainsi dire quotidiens lui avaient valu les épaulettes de capitaine d'infanterie, et c'est dans ce grade qu'il fut retraité, en 1814, à son retour d'Angleterre, où les prisonniers de guerre étaient soumis au barbare régime des pontons.

Il se fixa définitivement à Douai, en épousant Mlle Le Barbier, d'une famille connue dans les Flandres, mais ruinée par la Révolution. De cette union naquirent une fille, en 1815, et, le 26 décembre 1816, un fils : le général L'Hériller.

Le père du Général mourut, en 1854, sans avoir la joie d'assister aux plus beaux succès militaires du fils qui était tout son orgueil. Ses dernières années avaient été un long martyre. Devenu aveugle dès 1829, le vieux brave payait cruellement la gloire acquise sur le champ de bataille, et il dut maudire bien des fois le legs affreux des souffrances de la captivité.

Quant à Mme L'Hériller, elle vécut assez longtemps pour contempler et choyer son enfant orné des étoiles de général. Embrassements si doux au cœur de cette mère admirable, dont bien des Douaisiens conservent un souvenir attendri.

L'HÉRILLER AU LYCÉE DE DOUAI

Comme son père, dès la première enfance, L'Hériller rêva d'être un soldat. Il tressaillait d'aise et battait de ses petites mains à la vue du drapeau. Être soldat... la mère l'eût voulu officier tout de suite. Malheureusement, on était pauvre, et il en coûte gros pour acquérir l'instruction et forcer le seuil de Saint-Cyr.

La municipalité douaisienne vint noblement en aide à sa famille. Grâce à une bourse de la ville, L'Hériller entra au Lycée, alors Collège royal, qu'il quitta, après neuf ans de laborieuses et brillantes études, admis à l'École militaire dans un excellent rang.

C'est pendant ce long séjour au Collège de Douai que se formèrent, entre ses jeunes compatriotes et lui, des liens d'amitié qui devaient résister à l'éloignement. Tous les camarades du général lui sont restés fidèles, et c'est avec une émotion indicible qu'il se retrouve au milieu d'eux. Son cœur de Douaisien est alors en fête. Cette ville était naguère encore témoin de ces touchantes effusions.

L'HÉRILLER OFFICIER

En cette brève notice, nous ne saurions insister longuement sur les débuts militaires de L'Hériller. Saint-Cyr a bien son charme, assurément, avec ses *brimades* du vieux temps et son enthousiasme juvénile, mais l'École, n'est après tout, — si l'image n'était un peu forcée, — que l'antichambre de l'épaulette.

Le 1er octobre 1839, L'Hériller put se faire porter les armes pour la première fois. L'usage était de glisser cent sous dans la main du factionnaire. Il n'y faillit pas, et, le soir, à la cantine, on but joyeusement au nouvel officier.

Sous-lieutenant au 11e régiment d'infanterie légère (86e de ligne), il dut mener pendant plusieurs années la vie monotone de garnison. L'Hériller s'y montra toujours le meilleur des camarades, plein de gaieté et d'entrain, mais ne donnant au plaisir que le temps indispensable, et se faisant remarquer par ses goûts studieux. Il fut promptement noté comme un officier d'avenir. Aussi, en 1847, lorsqu'il eut les services voulus pour passer capitaine, est-ce les fonctions délicates, très recherchées et très en vue d'adjudant-major qui lui furent confiées.

En 1850, il fut envoyé avec son régiment en Afrique, et, de ce jour, jusqu'à la fin de sa carrière, chacun de ses grades est le prix de son intelligence du commandement, la récompense d'une action d'éclat.

L'HÉRILLER EN AFRIQUE

Il sauve par son intrépidité la colonne expéditionnaire

En 1851, les Kabyles poursuivis jusque dans leurs montagnes, le général Randon ordonna la retraite, craignant de trop s'aventurer dans une région hérissée de bois et semée d'embuscades. On n'était pas en forces suffisantes. Comme toujours, cette retraite fut sérieusement inquiétée par l'ennemi. Pour revenir au point de départ, il fallut — seul passage possible — traverser un village en flammes que nos propres obus avaient incendié. Devant cet embrasement, la tête de colonne hésite , et les chevaux , éperonnés jusqu'au sang, refusent d'avancer : arrêt désastreux, dont les Arabes profitent pour attaquer notre arrière-garde et l'anéantir. Quelques instants encore, et, dans cette gorge où l'ennemi insaisissable fait pleuvoir des hauteurs une grêle de balles et d'énormes cail'oux, le salut général lui-même peut être compromis.

Alors, le capitaine L'Hériller, piquant des deux, s'élance dans la fournaise et se fraye une route à travers les ruines fumantes et les brandons enflammés. Les chevaux rebelles, changés soudain en moutons de Panurge, suivent le mouvement. On déblaye le terrain de ses obsta'les ; l'infanterie, la colonne tout entière reprend sa marche : elle est sauvée.

L'Hériller fut proposé pour la croix d'honneur. Il ne l'avait pas volée

L'HÉRILLER CHEF DE BATAILLON

Lors de la prise de Laghouat, comme le gouverneur général de l'Algérie doutait encore du succès de l'entreprise, une colonne de secours fut formée à Blidah sous les ordres de Bourbaki. Bien que ce ne fût pas son tour de marcher, le capitaine L'Hériller, qui relevait à peine d'une grave maladie, obtint la faveur de faire partie du détachement du 11e léger.

Celui-ci eut énormément à souffrir. Assailli d'abord par des tempêtes de neige et par de véritables ouragans, il trouva, au retour, le Chélif débordé. Quand on atteignit de nouveau Milianah, plus de cent hommes avaient péri, gelés et noyés. Une compagnie entière de voltigeurs, égarée dans la tourmente et serrée de près par les Arabes, n'avait dû son salut qu'au capitaine L'Hériller, dont l'audace et le sang-froid parvinrent à l'arracher à ce double péril.

Il fut proposé, pour la première fois, comme chef de bataillon, grade qu'il obtint, en août 1854, après une nouvelle expédition en Kabylie, qui avait mis en plein relief et sa bravoure et son habileté.

L'HÉRILLER EN CRIMÉE

Appelé au commandement d'un bataillon de la Légion étrangère (2e régiment), L'Hériller rejoignit à Gallipoli sa troupe, décimée par le choléra. Deux officiers du bataillon succombèrent au fléau dans une seule nuit. En dépit de tant d'épreuves, on fit voile vers la Crimée, et, après la victoire de l'Alma, le siège fut mis devant Sébastopol.

Nous ne relaterons pas ici en détail. — parce qu'il est bien connu de tous, — ce siège mémorable, qui fut, pour nos braves soldats, une série ininterrompue de fatigues et de privations, de misères et de dangers sans cesse renaissants. Jamais l'armée française ne se montra plus admirable de discipline, de dévouement, d'abnégation absolue de la vie, soit que la mitraille russe en moissonnât les rangs, soit qu'il fallût lutter contre deux ennemis redoutables : un froid terrible et le typhus !... Pendant douze mois consécutifs, du maréchal de France au simple fusilier, il n'y eut, à l'armée de Crimée, que des héros. Honneur à eux !

Est-il vraiment besoin d'ajouter que le commandant L'Hériller se signala parmi les plus valeureux? Nuit et jour, aux avant-postes, où l'on combattit souvent à l'arme blanche, il animait les siens de son ardeur incomparable, toujours sur le qui-vive, toujours prêt à repousser les surprises d'un adversaire qui ne nous le céda en rien pour la vaillance et l'acharnement. Vingt fois, cent fois, le commandant affronta la mort. Elle ne voulut pas de lui : mais les ordres du jour de l'armée témoignent éloquemment que nul ne surpassa L'Hériller, comme bravoure et comme talent, dans aucune des rencontres de ce rude hiver, ni à l'assaut de Sébastopol.

Les croix de chevalier et d'officier de la Légion d'honneur, il les ramassa sous une pluie de balles, et, sous une grêle d'obus, les épaulettes de lieutenant-colonel. Vive L'Hériller !

L'HÉRILLER EN ITALIE

Ce ne fut point sa faute s'il n'eut pas à courir, comme partout, des risques exceptionnels pendant cette campagne si courte, mais si glorieuse. Colonel du 99e de ligne, son régiment appartenait au corps d'observation. Que de marches et de contre-marches pénibles, sous un soleil tropical, à travers des rizières inondées par l'ennemi ! A la tête de soldats éprouvés, L'Hériller arrivait enfin sur le champ de bataille de Solférino, et il allait les conduire au feu, c'est-à-dire à la victoire ; mais il était décidé que l'Italie ne serait pas encore « libre des Alpes à l'Adriatique », et l'armistice de Villafranca mit une fin subite, inattendue, aux hostilités. Le brillant colonel ne devait pas tarder de montrer, sous d'autres latitudes, ce que peut un chef expérimenté, plein d'énergie et de sang-froid.

L'HÉRILLER AU MEXIQUE

Ici, place au régiment du colonel, place au 99ᵉ de ligne, qui fut grandement à la peine, mais aussi à l'honneur, et qui, acclamé par les vieux routiers d'Afrique, mérita en vingt rencontres fameuses le surnom de 4ᵉ zouaves.

Dans cet intrépide régiment, pas un seul officier, pas un seul soldat qui ne proclamât que les succès de tous étaient moins dus à leur vaillance qu'à la savante tactique de L'Hériller. Dur pour lui-même, sévère mais bon pour ses subordonnés et consacrant à leur bien-être une sollicitude toujours en éveil, il avait le secret de les persuader qu'avec lui on était invincible. Pour le troupier. c'était un autre « Petit Caporal ».

L'HÉRILLER CULBUTE L'ENNEMI

Le 5 Mai 1862, le corps expéditionnaire, cédant au nombre après des prodiges de valeur, est contraint de se replier. L'Hériller reçoit mission de protéger la retraite, tâche très difficile, non seulement en raison de l'immense convoi de chariots qui portent nos blessés et les approvisionnements, mais surtout par les escarmouches incessantes avec l'ennemi, dont la cavalerie menace nos flancs et notre arrière-garde.

A quelques lieues d'Orizaba, la troupe mexicaine se présente en forces pour couper la route à des alliés qui viennent à nous. Le colonel n'hésite pas ; sans attendre du renfort, il lance contre les assaillants le 2ᵉ bataillon du 99ᵉ, qui, aux termes mêmes de l'ordre du jour de l'armée, « se couvrit de gloire » ce jour-là. Les Mexicains, au nombre de 5.000, sont délogés de leurs positions et culbutés dans le ravin. Leur général prend la fuite, laissant entre nos mains son drapeau, quatre fanions et plusieurs centaines de prisonniers.

Ce fut la journée célèbre d'Alculzingo, victoire inscrite sur la médaille commémorative de la guerre du Mexique, et depuis laquelle le 99ᵉ de ligne porte la croix de la Légion d'honneur à la hampe de son glorieux drapeau.

Quelques jours plus tard, au Borego, l'héroïque régiment escaladant la nuit des hauteurs réputées inaccessibles, culbutait une fois encore l'ennemi, lui tuait un grand nombre des siens, s'emparait de son artillerie et préservait le corps expéditionnaire d'une surprise qui se fût changée en désastre irrémédiable.

Alculzingo, Borigo, souvenirs impérissables de l'intrépidité française et de l'inébranlable fermeté du chef. Honneur à L'Hériller !

L'HÉRILLER ENLÈVE UNE VILLE

La même année, promu commandeur de la Légion d'honneur pour tant de services éclatants, L'Hériller gagna les épaulettes de général dans une expédition dont il avait, cette fois, la direction suprême. Il s'agissait, avant d'investir Puebla, de prendre possession de San Andrès, qui est le grenier d'abondance des hauts plateaux et qu'occupait une aile de l'armée mexicaine. Le colonel mena l'affaire tambour battant ou plutôt bride abattue.

Car, à notre approche, l'ennemi, qui nous croit en nombre très supérieur, s'apprête à détaler après avoir incendié la ville et détruit tous les approvisionnements. Avisé à la hâte, L'Hériller laisse en arrière son infanterie, charge à la tête des chasseurs d'Afrique, sabre et renverse tout sur son passage. Les Mexicains, terrifiés par cette attaque foudroyante, se débandent de toutes parts sans avoir le temps de mettre à exécution leur sinistre projet. San Andrès est à nous, et le corps expéditionnaire aura son ravitaillement. L'Hériller, toujours L'Hériller !

« GAYANT » AU MEXIQUE

Même au milieu des plus ardentes préoccupations guerrières, L'Hériller, Douaisien avant tout, le restait au bout du monde, et vous eussiez toujours retrouvé l'« enfant de *Gayant* » dans ce colonel sevré de bière et de la vue de son cher beffroi au pays des Astèques couleur de café grillé.

Les compatriotes du Nord n'étaient pas rares au régiment. L'Hériller les faisait marcher droit, eux aussi, comme de juste, mais ils avaient toutes ses prédilections. Un d'entre eux découvrit bien vite le secret de l'émouvoir. C'était Amédée Dupire, notre sympathique concitoyen, alors un des gros bonnets de la musique au 99e, — des musiciens comme on en voit peu, s'il vous plaît, qui ne boudaient pas devant l'ennemi, et, à l'occasion, vous jouaient de la clarinette de cinq pieds aussi gentiment que du trombone ou de l'ophicléide.

Dupire, donc, ne se donna trève ni repos que ses camarades, mélomanes en pantalon rouge, n'eussent appris l'air de « *Gayant* » pour en régaler les oreilles et réjouir le cœur du colonel. Au bivouac et en marche, que de fois la joyeuse fanfare douaisienne résonna dans le vieil empire de Moctezuma, à deux mille mètres d'altitude au-dessus du niveau de la mer et par 45° de chaleur..... à l'ombre ! Et toujours et partout, le chant aimé du pays natal vous ragaillardissait le tempérament et vous mettait en belle humeur : on n'est pas pour rien des « enfants de *Gayant* ».

LE RETOUR EN FRANCE

Il serait trop long de raconter par le menu tous les exploits de L'Hériller devenu général. Trois années encore, il guerroya sur cette terre calcinée par le soleil et dont on ne voit jamais le bout. Aux assauts de Puebla et à la conquête des provinces du Nord, il accomplit des prouesses de crânerie et se distingua par une entente telle des choses de la guerre, que l'empereur Maximilien fit choix de lui pour organiser les forces mexicaines.

En 1865, l'heure du retour en France sonna enfin. Il fut triomphal.

A Douai, la cité, pour rendre hommage à ses actes de bravoure, offrit au général L'Hériller une fête empreinte d'un réel patriotisme. Le maire le reçut dans le grand salon de l'Hôtel de Ville, à la tête de nombreux amis, d'anciens condisciples, de tous les officiers de la garnison, et lui adressa les paroles suivantes :

GÉNÉRAL,

Au milieu de cette flatteuse manifestation, toute spontanée, toute douaisienne, que motive votre retour, après une longue et glorieuse campagne, le chef de la Municipalité ne peut garder le silence. C'est à lui que revient l'honneur et le plaisir de vous complimenter au nom d'une population enthousiaste, dont il voudrait être le digne interprète.

Lorsque l'écho patriotique des victoires de notre courageuse armée parvenait dans nos murs, nous cherchions avidement la trace de nos concitoyens engagés dans ces expéditions lointaines. Votre nom, général, apparaissait avec éclat dans le compte rendu de ces sanglantes étapes de la civilisation, et, jeune encore, vous nous revenez, couvert des lauriers de la victoire et investi d'un grade éminent qui vous assure une place dans nos annales à côté des Cambray, des Scalfort, des Delcambre et des Durutte.

Soyez le bienvenu au milieu de vos concitoyens. Jouissez des sympathiques acclamations que vous méritez si bien et qui prouvent que votre cité natale ne sera jamais indifférente des aspirations généreuses de la France, au dévouement héroïque de ses nobles enfants.

Avant de reprendre une épée qui a soutenu l'honneur de notre drapeau dans les Deux-Mondes, accordez quelques instants au repos dans une ville qui vous considère, avec raison, comme le continuateur de ses plus généreuses traditions.

Notre blason municipal, empourpré par six gouttes de sang, ne rappelle-t-il pas que nos pères payaient largement leur dette au milieu des luttes qui devaient enfanter un puissant État.

Vous avez prouvé, Général, que ce patriotisme est toujours aussi vivace, et, en vous adressant nos félicitations affectueuses, nous pouvons répéter fièrement notre devise :

« Gloire aux Vainqueurs ! »

Eloge flatteur, mais sincère et mérité, et qui fut ratifié par les applaudissements et les ovations de la population tout entière. Douai acclama le victorieux.

CAMPAGNES DE FRANCE

Les jours sombres, les jours de deuil sont venus pour la Patrie. Le cœur nous manquerait pour retracer les souvenirs de « l'Année terrible », alors que l'ennemi. qui ne fut redevable de ses victoires qu'à la supériorité écrasante du nombre, foulait le sol national. Si la valeur seule avait pu l'emporter dans une lutte inégale, pas un seul Prussien n'eût repassé le Rhin. L'héroïsme des nôtres ne fut égalé en aucun temps ni chez aucun peuple. Le vieil honneur français, du moins, était sauf.

Ainsi qu'en Afrique, ainsi qu'en Crimée et au Mexique, L'Hériller avait largement payé de son courage et de son sang. Blessé à Frœschwiller, il continua de diriger sa brigade sous le feu qui la foudroyait. Ils étaient là cent quarante mille Allemands contre une poignée de nos braves. Gloire aux vaincus !

Puis, ce fut Sedan, où le Général. promu divisionnaire, se battit comme un lion. Plus que jamais, la force brutale du nombre eut le dernier mot. Le lendemain, la dure captivité d'Allemagne commença.

Au retour, la guerre civile déchirait notre malheureux pays. Le devoir de L'Hériller était tout tracé. Soldat de l'ordre, sous la République comme sous la Monarchie et sous l'Empire, il combattit le désordre. Soldat du drapeau tricolore, il combattit le drapeau rouge. Un des premiers, par la brèche. il entra dans Paris délivré de l'émeute et rendu à la nation.

Insurrection criminelle, impie. jours sanglants. puisse la France ne jamais les revoir !

UN COMPATRIOTE